SMILEY World

énigmes

DÉFIS

casse-tête

devinettes

100% SMILEY

LES LIVRES DU DRAGON D'OR

www.dragondor.fr

www.dragondor.fr
Les Livres du Dragon d'Or, un département d'Édi8
12, avenue d'Italie, 75013 Paris

Maquette couverture : Sandrine Morgan
Maquette intérieure : Ipokamp
ISBN : 978-2-8212-0887-2
Dépôt légal : janvier 2018
Loi n° 49-956 du 16 juillet 1949 sur les publications destinées à la jeunesse, modifiée par la loi n° 2011-525 du 17 mai 2011.

Pour Lola, qui avait toujours le smile aux lèvres.

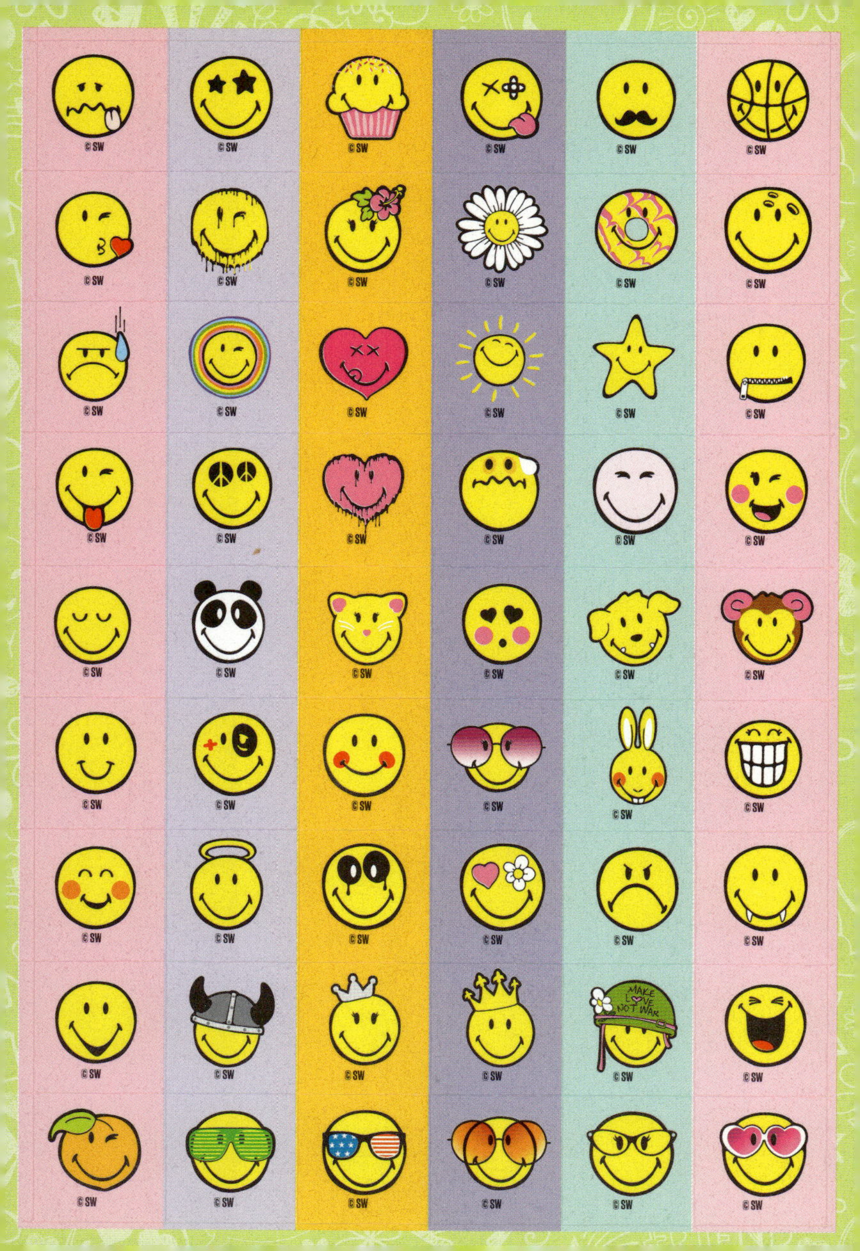
© SW
MAKE LOVE NOT WAR

DÉFIS

100% SMILEY

Logique animalière

Lis attentivement cette série de phrases :

L'antilope accourt

Le babouin bondit

Le coq chante

Le dindon dort

Quelle est la phrase qui suit la série ?

Le chat miaule

La grenouille sourit

L'éléphant éternue

Le tour du monde

Aide ce voyageur à choisir sa prochaine destination :
trouve les lettres de l'alphabet manquantes et remets-les dans l'ordre.

En route !

Trouve ton chemin vers le bonheur !

Trace-le sans passer 2 fois au même endroit, ni utiliser les diagonales.
La somme des chiffres traversés doit être de 70.

6	3	14	7
5	9	12	2
18	13	11	16
15	1	4	10

La tête dans les nuages

Trouve le mot qui correspond à chaque définition.

Une fois réunis et remis dans l'ordre,
ces mots se trouvent tous dans le mot « montgolfière ».

1. **Signal de départ d'une course :** ....
2. **En France, le plus haut est « Blanc » :** ....
3. **Il l'est autant qu'un paon :** ....
4. **C'est le mien :** ....
5. **Une très longue période :** ....
6. **Possèdent :** ....
7. **Son terrain a plusieurs trous :** ....

Cocktail vitaminé

Miam, les bons fruits ! Trouve celui qui est tout seul.

Animaux en pagaille

Retrouve dans la grille tous les mots de la liste.

Ils peuvent s'écrire dans tous les sens, même en diagonale et à l'envers.

Puis, découvre un joli petit insecte avec les 8 lettres restantes.

_ _ _ _ _ _ _ _

S	P	N	E	N	I	E	L	A	B
C	O	F	I	P	E	N	A	M	K
O	U	R	A	U	E	A	O	A	E
R	S	E	E	I	O	U	N	L	P
P	S	C	H	C	S	G	L	I	P
I	I	C	T	T	O	I	N	A	L
O	N	A	I	U	N	N	N	I	L
N	H	Q	R	E	O	D	I	G	P
C	U	O	H	P	A	O	N	H	E
E	U	C	H	E	V	A	L	N	R

ÂNE
BALEINE
CERF
CHAT
CHENILLE
CHEVAL

CHIEN
IGUANE
KANGOUROU
MOUSTIQUE
PANDA
PAON

PINGOUIN
POUSSIN
RHINOCÉROS
SCORPION
SINGE

Mauvais sort !

Résous cette énigme ensorcelée !

Quelqu'un a jeté un sort. Mais est-ce
le robot, le sorcier ou l'extraterrestre ?

TU SAIS QUE :
Le robot ne ment jamais.
Le sorcier **ment toujours.**
L'extraterrestre ment quelquefois.

Le coupable est…

_ _ _ _ _ _ _ _ _ _ _ _ _ _ _ _ _ _ _ _

Dingbat spécial Smiley

Connais-tu le dingbat ?

C'est un rébus de lettres qui illustre une expression :
tu trouveras la solution en déchiffrant le dessin ci-dessous.

Tout compte : la taille des lettres, leur place, etc...

Fais marcher ton imagination !

Celui-ci correspond bien à Smiley !

RIRE

UN JOLI

- -

Casse-tête chiffré

Complète la suite logique !

1 2 4 7 11 ?

Énigme de palmipède

Un canard pond un œuf toutes les quatre heures. Combien va-t-il pondre d'œufs dans une journée, sachant qu'il dort pendant huit heures et ne pond pas d'œufs pendant son sommeil ?

La grille des émotions

Il est parfois difficile de démêler ses émotions.

Avance dans la grille en utilisant la bonne combinaison !

Tout est une question de point de vue !

Quel est le trait rouge le plus long ?
Le A ou le B ?
Interdit d'utiliser ta règle !

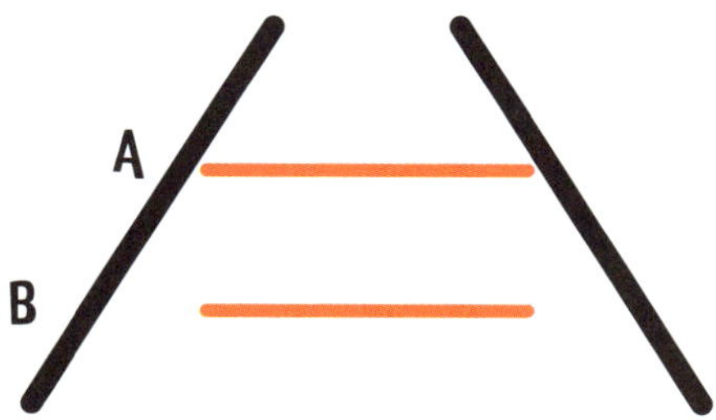

La ronde des fruits

Quel est l'intrus parmi ces fruits ?

Pêche

Poire

Citron

Pamplemousse

Pomme

Ananas

Melon d'eau

Énigme alphabétique

Regarde attentivement ces deux lignes de lettres.

Sur laquelle dois-tu placer le Z ? Et pourquoi ?

UN INDICE → tu n'as pas besoin de déplacer les lettres pour trouver la solution.

A E F H I K L M N T V W X Y ____

B C D G J O P Q R S U ____

____

Sudoku

Complète la grille

afin que chaque ligne, chaque colonne et chaque bloc contiennent tous les chiffres de 1 à 9 une seule fois.

			7					1
	9		1	3	5	4		6
				6			7	
7		4	6	8			9	5
2		8	4	7			1	3
				2			4	
	7		8		6	3		9
			5					2

Message codé

Déchiffre ce message mystérieux :

barre tous les mots qui contiennent deux fois la même lettre.
Reconstitue la phrase avec les huit mots restants.

jamais on plus
devinette ensemble
on fous
toujours attention
jamais balle cancre
chaussure terre de
classe encore papa
rit toujours verre
énigme acrobate
rossignol plus chaussons
maman cartable
bataille avait
sourire mercredi
téléphone
énigme est

Oui ou non ?

À quelle question peux-tu répondre

aussi bien par oui que par non, en disant toujours la vérité ?

Dingbat

Un nouveau dingbat !

C'est un rébus de lettres qui illustre une expression : tu trouveras la solution en déchiffrant le dessin ci-dessous.

Tout compte : la taille des lettres, leur place, etc... Fais marcher ton imagination !

YEUX VENTRE

- -

Maîtrise tes émotions !

Comment isoler chaque Smiley
en traçant seulement 3 lignes droites ?

Sudoku codé

Complète la grille

afin que chaque ligne, chaque colonne et chaque bloc contiennent tous les chiffres de 1 à 9 une seule fois.

7		1				2		
	5	8	6			9		
2		9			4			
			1		8			
1	2	7				5	9	8
			7		9			
			8		1	3		5
		4			5	6	7	
		5				8	1	2

Un petit tour de magie

Un magicien a modifié ces deux tableaux.
Trouve la différence.

Exercice d'écriture

Devine combien de fois on peut écrire « Smiley ».
Attention, il peut te rester des lettres en trop !

i y i S
s S s L
e s s S e L e
e
y y y
y m
m y m e m
m
s m y e L
L
e L i
i i e
i S
e

Un mélange d'émotions

Retrouve dans la grille tous les mots de la liste.

Ils peuvent être écrits dans tous les sens et une lettre peut faire partie de plusieurs mots...

Forme un mot avec les 4 lettres restantes !

T	S	A	T	I	S	F	A	I	T
R	R	E	L	B	I	S	I	A	P
A	U	I	H	E	U	R	E	U	X
N	O	E	S	E	U	L	A	L	U
Q	N	E	U	T	R	E	D	V	E
U	C	E	D	O	E	O	I	R	I
I	I	F	A	N	J	T	N	E	R
L	N	O	N	G	O	R	G	I	U
L	U	B	E	T	E	O	U	F	F
E	P	T	N	A	I	F	E	M	C

SATISFAIT
HEUREUX
FURIEUX
PAISIBLE
TRANQUILLE
PUNI
MÉFIANT
JOUEUR
TRISTE
FAN
GROGNON
BÊTE
DINGUE
FIER
SEUL
RAVI
NEUTRE
DÉÇU
FORT

____ ____ ____ ____

Le défilé des drapeaux

Regarde attentivement tous ces drapeaux :
l'un d'entre eux est représenté deux fois. Lequel ?

Dingbat nocturne

Encore un dingbat !

C'est un rébus de lettres qui illustre une expression :
tu trouveras la solution en déchiffrant le dessin ci-dessous.

Tout compte : la taille des lettres, leur place, etc... Fais marcher ton imagination !

L'énigme voyageuse

QU'EST-CE QUI PEUT

RESTER DANS SON COIN,

TOUT EN ALLANT

AU BOUT DU MONDE

ET DANS N'IMPORTE

QUEL PAYS ?

Sudoku d'Halloween

Dessine les Smileys manquants : chacun ne doit apparaître qu'une fois par ligne et par colonne.

Casse-tête d'allumettes

En déplaçant 4 allumettes,
transforme ces 5 carrés en 4 carrés égaux.

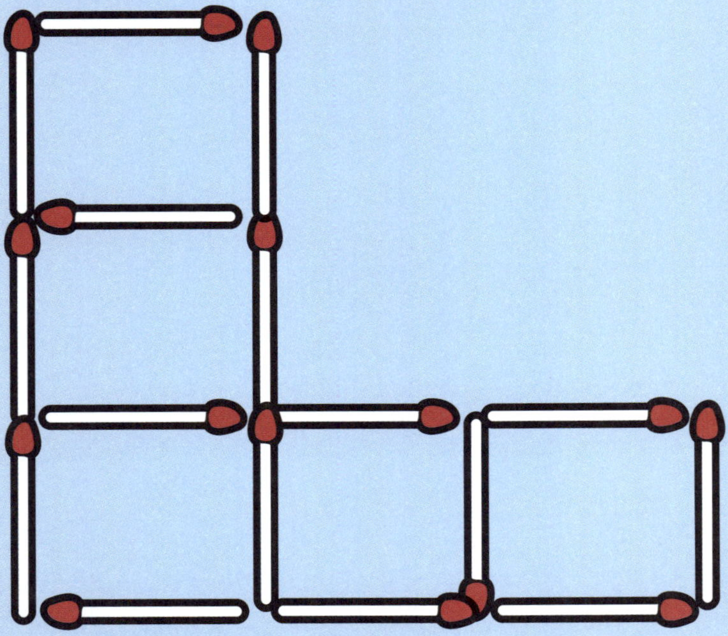

Anagrammes

Sais-tu ce qu'est un anagramme ?

C'est un mot que l'on forme en inversant les lettres d'un autre mot.

Par exemple : « poule » devient « loupe » !

Maintenant que tu as compris, trouve les anagrammes des mots suivants.

Chien → _ _ _ _ _

Magie → _ _ _ _ _

Euro → _ _ _ _

Ami → _ _ _

Rage → _ _ _ _

Quel âge a ce Smiley ?

Si on multiplie son âge par 2 et que l'on y ajoute 2, on trouvera un nombre obtenu en divisant 20 par 2 et y ajoutant 2.

Le Smiley a .... ans

Quadrillage **parfait**

Découpe la grille en 4 parties
de façon à ce que la somme des chiffres
de chaque partie soit égale à 30.

7	3	2	8	10
8	4	6	4	3
1	9	13	6	7
7	5	4	8	5

Points à relier

Relie ces 9 points avec seulement 4 traits
et sans lever ton crayon une seule fois !

Casse-tête d'allumettes

Déplace 2 allumettes pour former un ensemble de 5 carrés.

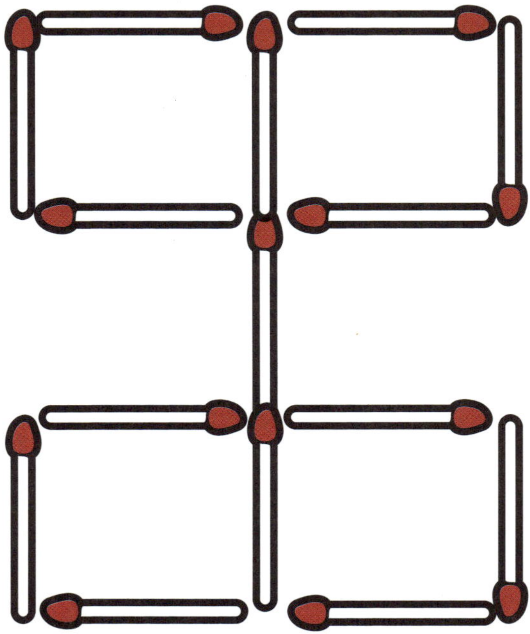

De gros appétits !

Une grand-mère, un grand-père et leur petit-fils ont mangé

14 gâteaux. 

La grand-mère en a mangé 2 fois plus que le grand-père et 2 fois moins que son petit-fils.

Combien chacun en a-t-il mangé ? 

Sudoku

Complète la grille
afin que chaque ligne, chaque colonne, et chaque bloc
de 6 cases contiennent tous les chiffres de 1 à 6.

6	5				
		2		5	
5			2	4	1
	4	1			3
	6		4		
				1	6

Qui suis-je ?

Trouve la signification de ce rébus.

Indice : Je suis un phénomène météorologique.

À table !

Retrouve dans la grille tous les mots de la liste.

Ils peuvent s'écrire dans tous les sens, même en diagonale et à l'envers.
Forme le nom d'une cucurbitacée avec les 9 lettres restantes.

E	N	C	E	S	I	R	E	C	N
L	E	O	N	O	N	G	I	O	E
L	T	S	R	I	O	N	N	C	U
I	T	E	I	V	W	G	O	F	Q
U	O	N	M	O	I	I	R	B	E
O	R	A	B	P	B	O	K	E	T
R	A	N	M	R	M	M	P	U	S
T	C	A	P	A	I	N	A	R	A
I	H	B	G	S	I	D	A	R	P
C	E	E	T	A	M	O	T	E	F

BANANE
BEURRE
CAROTTE
CERISE
CHAMPIGNON
CITROUILLE
FRAMBOISE
FROMAGE
KIWI
OIGNON
PAIN
PASTÈQUE
POIVRON
RADIS
TOMATE

___ ___ ___ ___ ___ ___ ___ ___ ___

Mots mystère

En ajoutant les 3 mêmes lettres
dans le même ordre
à chaque ligne,
compose 4 mots différents.

O☐☐☐

RU☐☐☐

PEN☐☐☐

CHAS☐☐☐

Grille magique

Trouve les chiffres manquants

pour que la somme de chaque ligne horizontale, verticale ou en diagonale soit toujours de 15.

6		8
	9	

Casse-tête d'allumettes

Comment obtenir 2 carrés égaux
en enlevant 8 allumettes ?

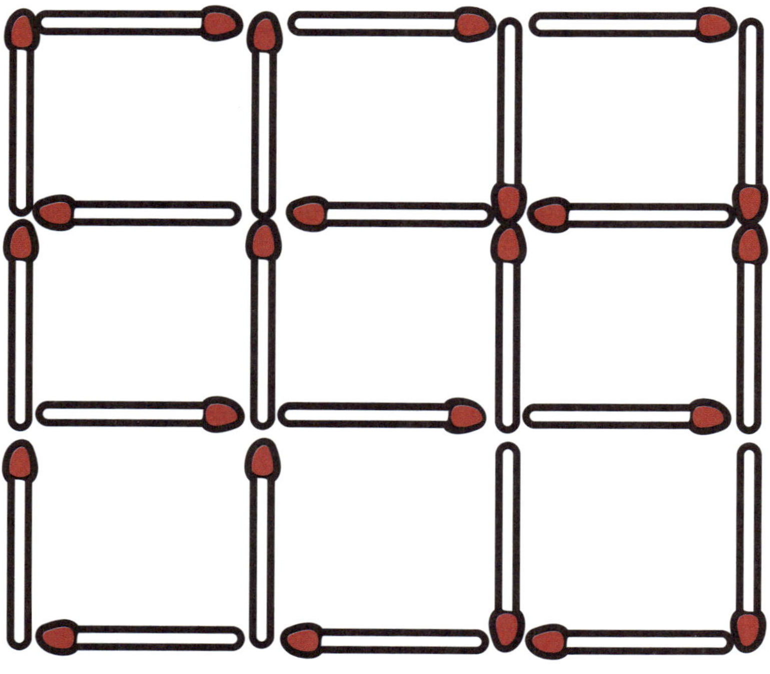

Calcul mental

Additionne 3 de ces nombres pour obtenir un total de 315.

12

46

124

71

299

145

131

As-tu une bonne **vue** ?

Un nouveau problème s'offre à toi.

Quel rond central est le plus petit : le A ou le B ?

A

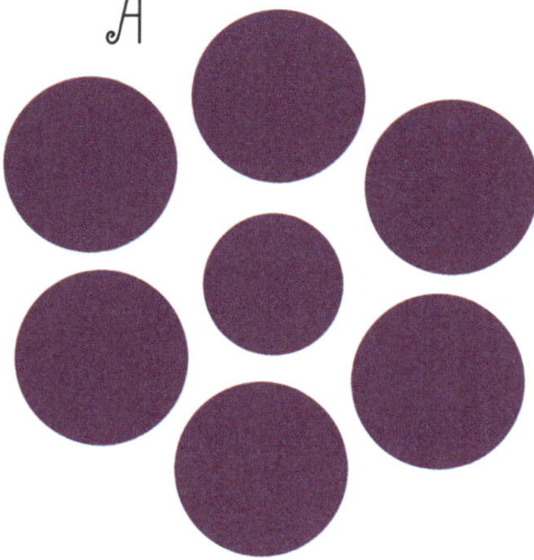

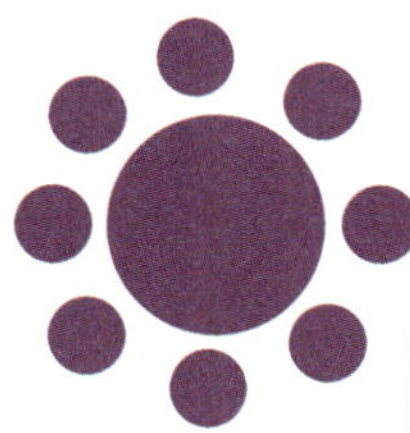

B

Sudokus

Complète la grille

afin que chaque ligne, chaque colonne, et chaque bloc de 6 cases contiennent tous les chiffres de 1 à 6.

	1	5			
			1		6
			4		1
2		1			
5		4			
			3	4	

Casse-tête de famille

NOUS SOMMES NÉS LE MÊME JOUR,
LE MÊME MOIS, LA MÊME ANNÉE,
AU MÊME ENDROIT.
NOUS AVONS LE MÊME PÈRE
ET LA MÊME MÈRE.
POURTANT, NOUS NE
SOMMES PAS JUMEAUX.
COMMENT EST-CE POSSIBLE ?

Un indésirable dans les rangs !

Trouve l'intrus parmi ces nombres.

72

1008

45

333

65

144

Un beau lancer

UN SPORTIF LANCE UNE BALLE AVEC SA RAQUETTE DE TENNIS.

ELLE N'EST ATTACHÉE À AUCUNE FICELLE, NI AUCUN FIL.

ELLE NE REBONDIT SUR RIEN, ELLE NE TOUCHE RIEN.

PERSONNE NE RENVOIE CETTE BALLE.

ET POURTANT LA BALLE REVIENT SUR LA RAQUETTE.

COMMENT EST-CE POSSIBLE ?

Une drôle d'horloge

Trouve la lettre manquante

pour former un mot dans le sens des aiguilles d'une montre.

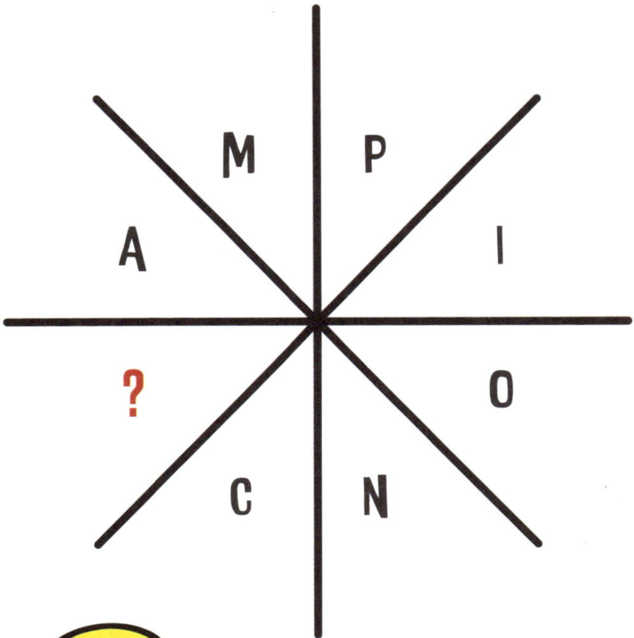

Une histoire sans queue ni tête

IL EST 7 HEURES DU SOIR.
LE DOCTEUR PREND UNE RUE
EN SENS INTERDIT.
IL CROISE UN POLICIER QUI LE VOIT,
MAIS QUI NE LUI DIT RIEN DU TOUT.
POURTANT CE POLICIER EST
UN BON POLICIER...
POURQUOI NE L'A-T-IL PAS ARRÊTÉ ?

LES SOLUTIONS

PAGE 4

C'est : **l'éléphant éternue**. Le nom de l'animal et le verbe doivent suivre l'ordre alphabétique, donc commencer par e.

PAGE 5

Le voyageur part en **Chine**.

PAGE 6

6 - 5 - 9 - 13 - 11 - 16 - 10

PAGE 7

(1) Go (2) Mont (3) Fier
(4) Mon (5) Ère (6) Ont (7) Golf

PAGE 8

PAGE 9

S	P	N	E	N	I	E	L	A	B
C	O	F	I	P	E	N	A	M	K
O	U	R	A	U	E	A	O	A	E
R	S	E	E	I	O	U	N	L	P
P	S	C	H	C	S	G	L	I	P
I	I	C	T	T	O	I	N	A	L
O	N	A	I	U	N	N	N	I	L
N	H	Q	R	E	O	D	I	G	P
C	U	O	H	P	A	O	N	H	E
E	U	C	H	E	V	A	L	N	R

Le mot à trouver est :
Papillon

Page 10

Le robot **ne ment jamais** donc ce n'est pas l'extraterrestre.
La sorcière **ment toujours** donc ce n'est pas elle.
C'est donc **le robot** (l'extraterrestre n'a pas menti cette fois).

Page 11

« Un joli » + « sous » + « rire »

Page 12

Le nombre manquant est 16.
Entre les deux premiers chiffres, il a été ajouté 1 ; entre le deuxième et le troisième chiffre, il a été ajouté 2, puis 3 puis 4...
Il faudra ainsi ajouter 5 au nombre 11 pour obtenir 16.

Page 13

Aucun, car un canard est un **mâle** : il ne pond pas d'œufs.

Page 14

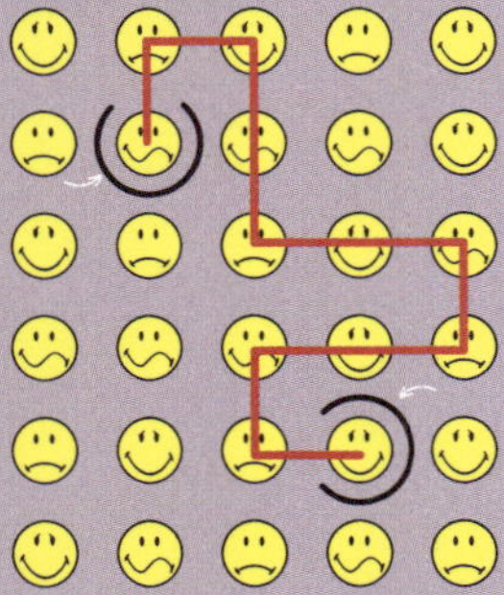

Page 15

Les 2 traits sont identiques : c'est une illusion d'optique qui donne l'impression que le A est plus long.

Page 16

C'est la pêche, le seul fruit à ne pas avoir de pépins, mais un noyau.

Page 17

Sur la ligne du haut. En effet, les lettres qui sont sur la ligne du haut ne contiennent pas de courbe, contrairement à celles de la ligne du bas. Or le Z n'a pas de courbe.

Page 18

4	2	6	7	9	8	5	3	1
8	9	7	1	3	5	4	2	6
5	1	3	2	6	4	9	7	8
7	3	4	6	8	1	2	9	5
9	6	1	3	5	2	7	8	4
2	5	8	4	7	9	6	1	3
6	8	5	9	2	3	1	4	7
1	7	2	8	4	6	3	5	9
3	4	9	5	1	7	8	6	2

PAGE 19

Plus on est de fous, plus on rit.

PAGE 20

La question à laquelle tu peux répondre par oui ou par non sans mentir est « **Peux-tu donner un mot de trois lettres ?** ». Ces deux mots ont trois lettres.

PAGE 21

Avoir les yeux plus gros que le ventre.

PAGE 22

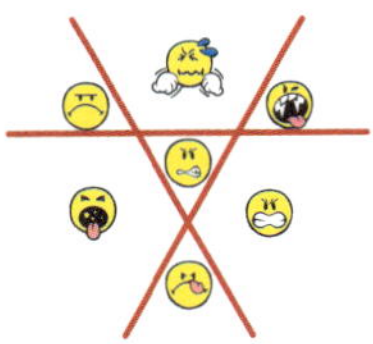

PAGE 23

7	6	1	9	8	3	2	5	4
4	5	8	6	1	2	9	3	7
2	3	9	5	7	4	1	8	6
9	4	6	1	5	8	7	2	3
1	2	7	3	4	6	5	9	8
5	8	3	7	2	9	4	6	1
6	7	2	8	9	1	3	4	5
8	1	4	2	3	5	6	7	9
3	9	5	4	6	7	8	1	2

PAGE 24-25

Dans la page de gauche, il y a ce Smiley : 
alors que dans la page de droite il y a celui-là : .

PAGE 26

On peut écrire **5 fois** Smiley.

PAGE 27

T	S	A	T	I	S	F	A	I	T
R	R	E	L	B	I	S	I	A	P
A	U	I	H	E	U	R	E	U	X
N	O	E	S	E	U	L	A	L	U
Q	N	E	U	T	R	E	D	V	E
U	C	E	D	O	E	O	I	R	I
I	I	F	A	N	J	T	N	E	R
L	N	O	N	G	O	R	G	I	U
L	U	B	E	T	E	O	U	F	F
E	P	T	N	A	I	F	E	M	C

Le mot à trouver est **COOL**.

PAGE 28

Le Smiley représenté deux fois est .

PAGE 29

Une nuit blanche.

PAGE 30

C'est le timbre.

PAGE 31

PAGE 32

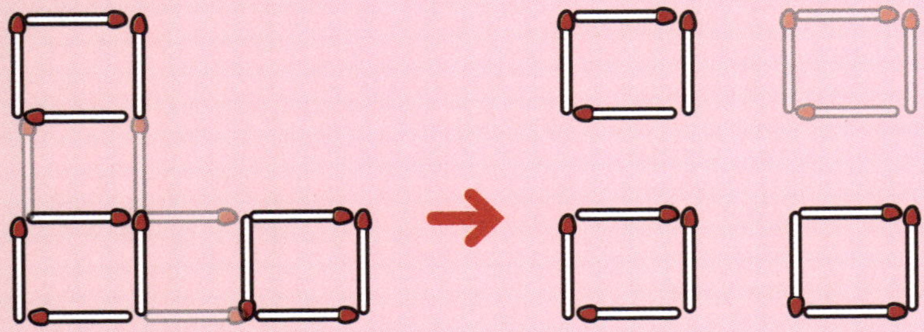

PAGE 33

Niche
Image
Roue
Mai
Gare

Page 34

Le Smiley a 5 ans. Pour trouver son âge, il faut commencer par la fin de l'énoncé :

20 : 2 = 10
10 + 2 = 12
12 – 2 = 10
10 : 2 = 5

Page 35

7	3	2	8	10
8	4	6	4	3
1	9	13	6	7
7	5	4	8	5

Page 36

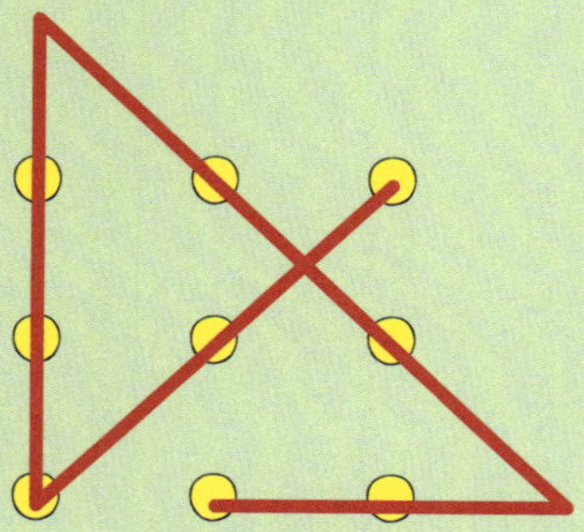

Page 37

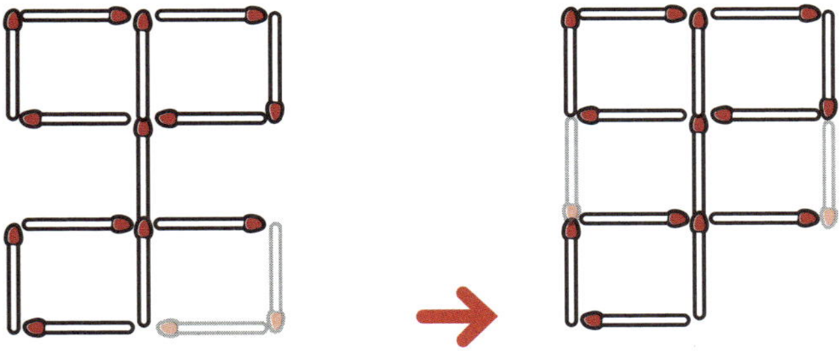

Page 38

Le grand-père en a mangé **2**. La grand-mère en a mangé **4**. Leur petit-fils en a mangé **8**.

Page 39

6	5	4	1	3	2
3	1	2	6	5	4
5	3	6	2	4	1
2	4	1	5	6	3
1	6	3	4	2	5
4	2	5	3	1	6

Page 40

Ouragan (Houx – rat – gant)

PAGE 41

E	N	C	E	S	I	R	E	C	N
L	E	O	N	O	N	G	I	O	E
L	T	S	R	I	O	N	N	C	U
I	T	E	I	V	W	G	O	F	Q
U	O	N	M	O	I	I	R	B	E
O	R	A	B	P	B	O	K	E	T
R	A	N	M	R	M	M	P	U	S
T	C	A	P	A	I	N	A	R	A
I	H	B	G	S	I	D	A	R	P
C	E	E	T	A	M	O	T	E	F

Les lettres restantes forment le mot : CONCOMBRE.

PAGE 42

Il faut ajouter « SER » :

OSER

RUSER

PENSER

CHASSER

PAGE 43

6	1	8
7	5	3
2	9	4

PAGE 44

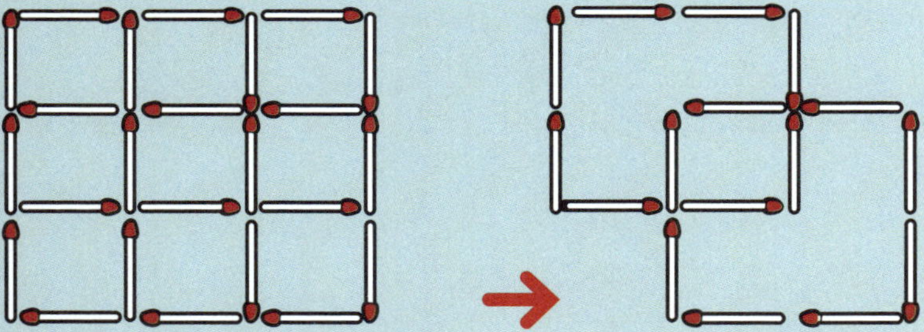

PAGE 45

124 + 46 + 145 = 315

PAGE 46

Ces deux ronds sont de la même taille. C'est une illusion d'optique qui fait paraître le A plus petit.

PAGE 47

6	1	5	2	3	4
4	2	3	1	5	6
3	5	6	4	2	1
2	4	1	5	6	3
5	3	4	6	1	2
1	6	2	3	4	5

PAGE 48

Nous sommes en réalité des triplés, mais notre frère n'est pas là aujourd'hui !

PAGE 49

L'intrus est 65 : c'est le seul nombre dont la somme de chiffres ne fait pas 9.

PAGE 50

Le sportif a envoyé la balle en l'air, à la verticale.

PAGE 51

CHAMPION

PAGE 52

Le docteur était à pied et les sens interdits ne concernent que les voitures.